Couverture inférieure manquante

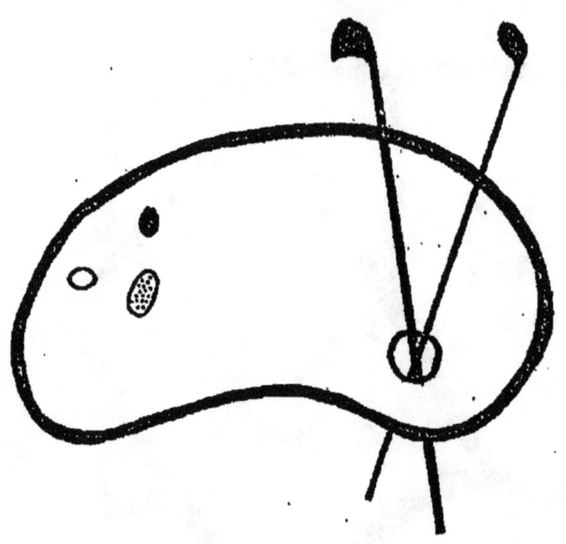

DEBUT D'UNE SERIE DE DOCUMENTS
EN COULEUR

SCIENCE ET RELIGION
Études pour le temps présent
SÉRIE HISTORIQUE
publiée sous les auspices de la Société Bibliographique

LA PÉNITENCE PUBLIQUE
DANS L'ÉGLISE PRIMITIVE

PAR

M. l'Abbé E. VACANDARD

Aumônier du Lycée de Rouen

DEUXIÈME ÉDITION

PARIS
LIBRAIRIE BLOUD & Cie
4, RUE MADAME ET RUE DE RENNES, 59
1903

SOCIÉTÉ BIBLIOGRAPHIQUE

ET DES PUBLICATIONS POPULAIRES

5, rue Saint-Simon, Paris, VIIe

But de la Société. — La Société Bibliographique a pour but de réunir tous les hommes d'intelligence et de cœur, désireux de mettre en commun leurs efforts au service de la Religion et de la Science.

A cet effet, elle favorise la création de *bibliothèques*, de *cabinets de lecture, la publication d'ouvrages pour les classes dirigeantes et pour les classes populaires*, ouvre *des conférences scientifiques, littéraires et sociales* ; elle signale tous les mois, dans le **Polybiblion** (*Revue bibliographique universelle*), les ouvrages parus en France et à l'Etranger ; enfin elle envoie *gratuitement* à tous ses membres son **Bulletin mensuel**, qui contient une *bibliographie de livres approuvés et destinés à la création de bibliothèques populaires catholiques*.

Avantages réservés aux Sociétaires. — 1º Au point de vue moral : les Sociétaires contribuent à la conservation de la Foi.

2º Au point de vue intellectuel : *Renseignements bibliographiques; prêts de revues de la Bibliothèque de la Société* ; droit aux **prêts de bibliothèques renouvelables** (*demander les notices spéciales*).

3º Au point de vue matériel : la Société assure à ses membres des avantages tels qu'ils rentrent, et au-delà, dans le montant de leur cotisation.

Ses Ressources. — Elles se composent : 1º de la cotisation de tous ses membres associés-correspondants, laquelle est de 10 fr. par an ; on peut s'en exonérer moyennant le versement d'une somme de 150 fr. une fois payée.

2º Des apports des membres titulaires, qui sont de la somme de 100 fr. *au moins* une fois payée. (Ce versement n'exempte pas de la cotisation annuelle de 10 fr., mais il donne droit à être éligible comme membre du Conseil de la Société).

3º Des dons extraordinaires qui lui sont faits.

Résultats obtenus. — La Société Bibliographique est arrivée à inscrire sur ses listes plus de *neuf mille cinq cents sociétaires* ; chaque année elle fait de nombreux envois de livres pour bibliothèques catholiques et pour distributions de prix aux enfants de nos écoles libres.

Pour plus amples renseignements, s'adresser directement *à la Société, 5, rue Saint-Simon.*

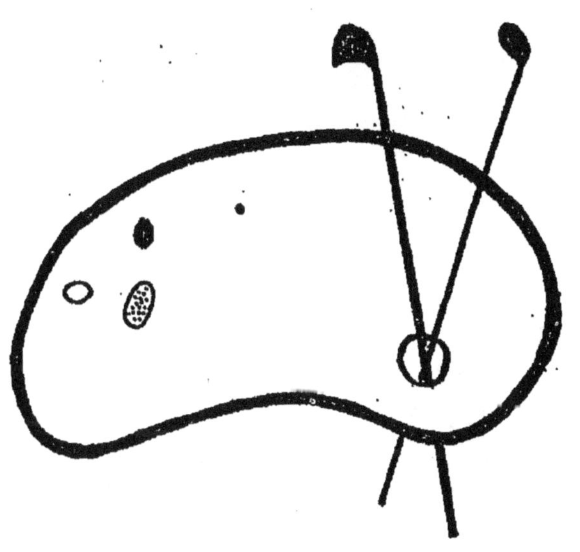

FIN D'UNE SERIE DE DOCUMENTS
EN COULEUR

LA PÉNITENCE PUBLIQUE

DANS L'ÉGLISE PRIMITIVE

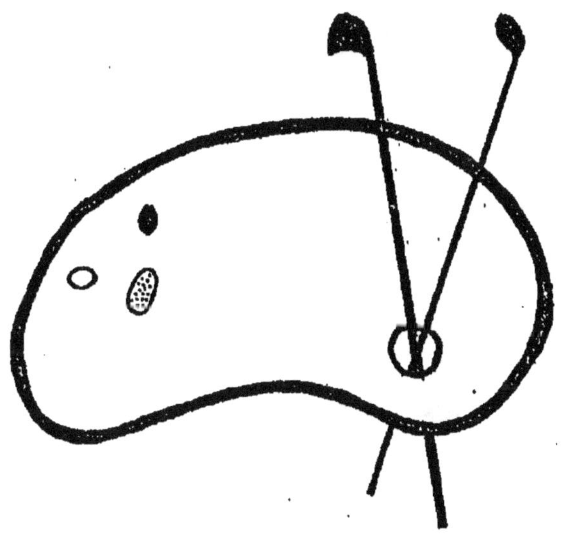

DEBUT D'UNE SERIE DE DOCUMENTS
EN COULEUR

ERRATUM

Page 38, 2ᵉ alinéa, 21ᵉ ligne, au lieu de : *L'usage de la pénitence secrète*, lisez : *L'usage de la pénitence publique.*

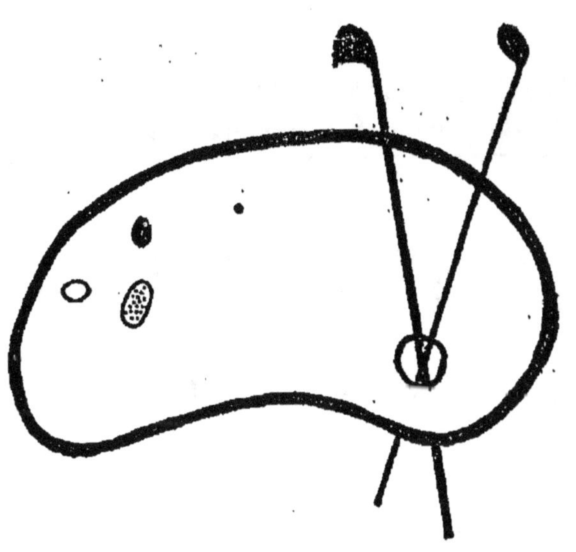

FIN D'UNE SERIE DE DOCUMENTS
EN COULEUR

SCIENCE ET RELIGION

Études pour le temps présent

LA PÉNITENCE PUBLIQUE

DANS L'ÉGLISE PRIMITIVE

PAR

M. l'Abbé E. VACANDARD

Aumônier du Lycée de Rouen

PARIS

LIBRAIRIE BLOUD & Cie

4, RUE MADAME ET RUE DE RENNES, 59

1903

PERMIS D'IMPRIMER

Paris, le 13 juin 1902,

P. FAGES,

v. G.

AVANT-PROPOS

Il importe de bien délimiter l'objet de ce travail, et d'en indiquer la méthode.

Nous circonscrivons le champ de notre étude dans les quatre premiers siècles, et entendons ne pas dépasser les environs de l'an 400. Les derniers Pères de l'Eglise que nous appellerons en témoignage sont saint Augustin († 430), saint Innocent Ier (401-417) et, par exception, saint Léon le Grand (440-461).

La discussion des textes nous amènera inévitablement sur le domaine de la théologie. Mais cette étude est, avant tout, une œuvre d'histoire. Notre principale préoccupation sera d'établir et d'expliquer les faits par les textes. En cela, nous ne ferons que suivre l'exemple des grands historiens du XVIIe siècle, des Denys Petau et des Noël Alexandre, qui, ayant à traiter le sujet que nous abordons après eux, ne se départirent jamais des principes de la méthode critique. Jamais, en présence des documents les plus difficiles à interpréter, il ne leur vint à l'esprit de recourir aux arguments théologiques pour se tirer d'embarras. Ce fut uniquement par l'examen comparé des ouvrages des Pères et des canons des conciles qu'ils s'efforcèrent d'éclaircir le problème de la discipline pénitentielle dans les premiers siècles de l'Eglise. Telle sera aussi notre méthode.

Si limitée que soit la période que nous étudions, la discipline pénitentielle n'y est guère uniforme; elle subit une évolution dont nous indiquerons quelques étapes sans chercher à en déterminer les lois. Le pouvoir d'absoudre, notamment, passe, en certains endroits, de l'évêque auquel il était primitivement réservé, à un prêtre délégué.

Nous sommes encore loin de la pénitence sacramentelle secrète. Mais cette institution du prêtre pénitencier et, un peu plus tard, l'exercice du pouvoir d'absoudre dans les monastères, y mèneront insensiblement. Nous laissons à d'autres le soin de décrire cette transformation. Il nous suffira d'avoir établi que tous les éléments qui constituent le sacrement de Pénitence, confession (auriculaire) (1), satisfaction, absolution, se retrouvent dans la pénitence publique telle qu'elle se pratiquait durant les premiers siècles (2).

(1) Nous étudierons dans un fascicule à part la Confession auriculaire.

(2). Depuis que ce travail a été envoyé à l'impression, Mgr Batiffol a publié, chez Lecoffre, une importante étude sur *Les Origines de la Pénitence.* — Nous devons avertir le lecteur que la *Didascalie des Apôtres*, souvent citée dans cette étude comme étant de la première moitié du IIIe siècle, pourrait bien être de la seconde moitié, d'après les récents travaux de M. Funk.

LA PÉNITENCE PUBLIQUE

CHAPITRE PREMIER

ORIGINE DE LA PÉNITENCE PUBLIQUE

Les premiers chrétiens formaient une société de saints. L'apôtre saint Paul leur donne ce nom, comme un privilège et une marque de leur vocation, *vocatis sanctis*. Le baptême les initiait à la sainteté, en les faisant participer à la vie du Christ, et l'Eucharistie les maintenait dans cet état surnaturel. Groupés par petites communautés, où la surveillance mutuelle pouvait s'exercer facilement, et attentifs à vivre séparés du monde, ils s'entretenaient journellement dans des exercices de piété qui ranimaient sans cesse leur ferveur. Ces petites églises, dont l'ensemble constituait l'Eglise totale, étaient à peu près ce que devinrent plus tard les communautés religieuses, sauf la clôture. Il n'y a donc pas lieu de s'étonner que le péché, j'entends le péché grave, y ait pénétré difficilement.

La conservation de la pureté baptismale était l'idéal de l'Eglise naissante. Retomber dans le péché après le baptême semblait un crime impardonnable. C'est cette pensée qu'exprimait déjà l'Epître aux Hébreux avant la fin du Ier siècle. « Il est impossible que ceux qui ont été une fois illuminés (dans le baptême), qui ont goûté le don céleste (de l'Eucharistie), qui ont eu leur part du Saint-Esprit, qui ont goûté la beauté de la parole de Dieu et les puissances du siècle à venir, et qui sont tombés, soient une seconde fois renouvelés et convertis... Quand une terre est abreuvée par la pluie qui tombe souvent sur elle, quand elle produit une herbe utile, elle participe à la bénédiction de Dieu ; mais si elle produit des épines et des ronces, elle est réprouvée et près d'être maudite, et sa fin est d'être brûlée (1) ».

Le *Pasteur* d'Hermas, qui est un document romain des environs de 140, reproduit la même thèse : « J'ai entendu, dit Hermas, certains didascales enseigner qu'il n'existe pas de conversion autre que celle du baptême, lorsque nous descendons dans l'eau et que nous recevons la rémission de nos fautes premières. » Le Pasteur répond à Hermas : « Tu as bien entendu, car c'est ainsi. » Et il ajoute : « Il faut donc que celui qui a reçu la rémission de ses péchés (au baptême) ne pèche plus, mais qu'il demeure pur (2) ».

Saint Justin enseigne la même doctrine. « Pour obtenir le salut, dit-il, il faut croire au Christ, purifier son âme par le baptême et vivre désormais sans péché (3). » Ailleurs il déclare que ceux qui ne vivent pas conformément aux préceptes du Christ, s'ils se parent du titre de chrétiens, « ne sont chrétiens que de nom (4). » « Il n'y a pas de méchant, écrit Athénagore, parmi les chrétiens, à moins que ce ne soient des hommes qui usurpent indûment ce titre (5). » Des formules semblables se rencontrent jusqu'au commencement du iiie siècle. La *Didascalie des Apôtres* regarde comme moralement impossible « qu'un homme, après être descendu dans l'eau (du baptême), fasse encore les œuvres abominables et impures des païens impies, car il

(1) *Hébr.*, iv, 4-8.
(2) *Mandat.*, iv, 3.
(3) *Dialog.*, 44 fin.
(4) *Apolog.*, i, 16 fin.
(5) *Legat.*, 2.

est clair et évident pour tout le monde que quiconque fait le mal après son baptême est déjà condamné à la géhenne du feu... Si un homme est accusé de faire des œuvres d'iniquité, il n'est pas chrétien, mais menteur, et c'est par hypocrisie qu'il tient la religion du Seigneur (1). »

La sainteté est donc bien l'idéal de l'Eglise primitive. Mais, si rigoureuse que soit sa discipline morale, cette Eglise ne peut se dissimuler que ses membres tombent dans certaines fautes légères, auxquelles la faiblesse humaine, même soutenue par la grâce, est inévitablement sujette. Quel remède apporter à ce mal ? Le coupable devra s'accuser lui-même devant les frères assemblés et chercher ainsi, dans l'aveu de sa faute, l'indulgence de la communauté et le pardon de Dieu. Cette discipline est attestée par la *Didaché*, le plus ancien document que nous possédions, en dehors des livres canoniques, sur la liturgie : « Dans l'assemblée de l'Eglise, tu confesseras tes fautes, et tu ne viendras pas à la prière avec une conscience mauvaise (2). » « Le jour dominical du Seigneur, réunissez-vous pour rompre le pain, et faites l'Eucharistie, après avoir confessé vos fautes, afin que votre sacrifice soit pur. Quiconque aura un différend avec son ami ne peut approcher de vous jusqu'à ce que l'un et l'autre soient réconciliés, afin que votre sacrifice ne soit pas rendu vain (3). »

On a cru apercevoir dans ces textes un témoignage en faveur de la confession auriculaire et sacramentelle. Nous y voyons plutôt la preuve de l'antiquité d'une confession rituelle précédant les exercices pieux de la communauté chrétienne, surtout la messe.

(1) *Didascalie des Apôtres*, ch. v, trad. Nau, dans *Le Canoniste contemporain*, mars 1901, p. 146.
(2) *Didaché*, iv, 14.
(3) *Ibid.*, xiv, 1.

Cette discipline évoque l'idée d'une communauté religieuse, dont tous les membres sont exempts de péchés graves. Tels, plus tard, nous apparaissent les disciples de saint Benoît ou de saint Colomban, battant leur coulpe devant leurs frères réunis.

Mais quelle pouvait être, dans ce régime, la situation d'un chrétien qui, trahissant la foi de son baptême, commettait, sinon un crime énorme, du moins une lourde faute ? La petite église dont il faisait partie allait-elle se contenter d'un aveu public, et le retenir dans son sein, l'admettre même à la communion eucharistique ? Saint Paul apprend qu'un fidèle de Corinthe est devenu incestueux ; bien qu'absent de corps, il se hâte de le « livrer à Satan pour la mort de sa chair, afin que son esprit fût sauvé au jour de Notre-Seigneur Jésus-Christ (1). » Saint Irénée nous montre pareillement des femmes chrétiennes qui, après avoir été débauchées par des hérétiques, confessent leurs fautes devant l'Eglise de Dieu et sont condamnées à les expier publiquement. Les unes acceptent courageusement cette pénitence, d'autres par fausse pudeur refusent de s'y soumettre et perdent totalement la foi (2).

Au commencement du IIIe siècle, la *Didascalie des Apôtres* recommande pareillement à l'évêque d'expulser le pécheur de la communauté (3).

La mesure adoptée par l'Eglise primitive à l'égard des fidèles coupables de péchés graves est ici prise sur le fait. La communauté les rejette de son sein et les assujettit à certains exercices pénitentiels, qui doivent durer un temps plus ou moins long. Telle est l'origine de la pénitence publique.

(1) I *Corinth.*, v, 5.
(2) *Advers. Hæres.*, I, 6, n° 3 ; 13, n° 7.
(3) *Didascalie des Apôtres*, ch. vi, trad. Nau, dans *Le Canoniste contemporain*, avril 1901, p. 210.

CHAPITRE II

COMMENT ON ÉTAIT MIS EN PÉNITENCE

La pénitence était forcée ou spontanée. Soit qu'il fût dénoncé par ses frères, soit qu'il se présentât de lui-même à l'évêque, le fidèle coupable de péchés graves était privé, pour un temps, de la communion eucharistique et séparé de la communauté.

Voici comment on procédait en Syrie, au début du IIIe siècle : « Quand tu verras un pécheur, dit à l'évêque la *Didascalie des Apôtres*, fâche-toi contre lui, et fais-le conduire dehors. Quand il sera dehors, qu'on lui fasse des reproches, qu'on l'interroge et qu'on le maintienne en dehors de l'église, puis que l'on entre et que l'on intercède pour lui... Alors, ô évêque, fais-le entrer et demande-lui s'il se repent. » Cette discipline ne regarde que le pécheur dénoncé. Ce qui suit s'applique également au coupable qui s'adresse spontanément à l'évêque : « Demande-lui s'il se repent et, s'il est digne d'être reçu dans l'église, impose-lui des jours de jeûne d'après son péché..., puis laisse-le aller, après lui avoir donné les réprimandes et les enseignements convenables, reprends-le et dis-lui d'être humble, de prier et de supplier durant les jours de son jeûne pour devenir digne de la rémission des péchés (1). »

A Alexandrie, Origène recommande au prêtre médecin des âmes de pleurer avec son pénitent, en

---

(1) *Didascalie des Apôtres*, ch. VI, trad. Nau, dans *Le Canoniste contemporain*, avril 1901, p. 210. Cf. *Constit. Apostol.* lib. II, cap. XVI.

même temps qu'il lui impose des œuvres satisfac-
toires (1).

Le prêtre pénitencier de Constantinople absolvait,
semble dire Sozomène, ἀπέλυε, les pécheurs dont il en-
tendait la confession, avant de les soumettre aux
exercices pénitentiels dont il avait la surveillance (2).
Cette absolution, il faut le reconnaître, paraît bien
douteuse à certains critiques (3).

En Asie Mineure, il y avait pareillement un « économe » de la pénitence (4), chargé d'entendre les
confessions et de déterminer la durée des exercices
pénitentiels.

Pour l'Église d'Afrique, Tertullien, saint Cyprien
et saint Augustin ne nous renseignent que d'une
façon fort vague sur la manière dont le pécheur
était mis en pénitence. D'après saint Augustin, il
était lié (5) jusqu'au jour où l'évêque le réconciliait
et l'admettait de nouveau à la communion.

(1) *In Psalm. 57 Homil.* ii, Migne, P. G., t. XII, col. 1386.
(2) Sozomène, *Hist. eccles.*, lib. VII, cap. xvi.
(3) M. Hogan, en particulier, m'écrivait (à propos de mon article
sur *l'Absolution* dans le *Dictionnaire de Théologie* de Vacant)
que Sozomène paraissait avoir été influencé dans son récit par
la discipline de son temps (v° siècle). Mgr Batiffol (*Etudes
d'histoire et de théologie positive*, Paris, Lecoffre, 1902, p. 159)
traduit le mot ἀπολύειν par *congédier*. A coup sûr, s'il était
permis de juger des usages primitifs de l'Eglise grecque en général par ce que nous savons du rite pénitentiel usité à Constantinople beaucoup plus tard, il faudrait admettre que la mise en
pénitence était accompagnée d'une prière d'intercession équiva-
lente à l'absolution sous forme déprécative. Le formulaire attri-
bué à Jean le Jeûneur († 595), mais d'origine moins ancienne,
nous apprend que le confesseur récitait sur le pénitent, à mesure
qu'il recevait ses aveux, un *Deus tibi indulgeat*, etc. La confession
achevée, il ajoutait : « Que notre Seigneur et Maître Jésus-Christ
Dieu te pardonne les péchés que tu as confessés en sa présence
à ma nullité. » Morin, *De Disciplina in Administratione Sacra-
menti penitentiæ*. Appendix., p. 77 suiv.
(4) Gregor. Nyss. *Ep. canon.*, can. 7, P. G., t. XLV, col. 225.
Cf. Vacandard, *Revue du Clergé français*, 1er août 1901, p. 461,
note 4.
(5) *Serm.* 352, n° 8.

L'Espagne, la Gaule, Milan, Rome ne nous offrent guère plus de lumière. Le *Sacramentaire gélasien,* qui, de l'aveu des meilleurs critiques, représente sur certains points l'usage romain du v° ou même du iv° siècle, indique une prière que le prêtre prononce sur le pécheur le jour où il entrait en pénitence (le jour des Cendres, au vii° siècle) : *Suscipis eum quarta feria mane in Capite quadragesimæ... oras pro eo.* Mais c'est là un document bien tardif et peu propre à nous renseigner sur la période primitive.

CHAPITRE III

EN QUOI CONSISTAIT LA PÉNITENCE PUBLIQUE

Chaque évêque était juge de la peine à appliquer aux membres coupables de sa communauté (1). On conçoit dès lors aisément que l'uniformité n'ait pas régné dans l'Eglise primitive en matière de discipline pénitentielle.

Il y avait, par exemple, des pénitences publiques qui ne duraient pas plus de deux semaines. La *Didascalie des Apôtres* l'atteste pour la Syrie, au commencement du troisième siècle. Toute la rigueur de la pénitence consistait, pour cette région, dans l'exclusion de l'Eglise et la pratique du jeûne. « Lorsque tu verras un pécheur, est-il dit à l'évêque, fais-le conduire dehors, puis fais-le entrer et demande-lui s'il se repent, et, s'il est digne d'être reçu dans l'Église, impose-lui des jours de jeûne selon son péché, deux semaines, ou trois, ou cinq, ou sept, puis laisse-le aller, après lui avoir donné les réprimandes et les enseignements convenables, reprends-le et dis-lui d'être humble, de prier et de supplier durant les jours de son jeûne pour devenir digne de la rémission des péchés (2). » Ce régime était encore en vigueur à la fin du ivᵉ siècle, comme en témoignent les *Constitutions apostoliques* (3).

Dans l'Asie Mineure florissait un autre système pénitentiel beaucoup plus rigoureux. Les pénitents

---

(1) Cyprien, *Ep. 55 ad Antonianum*, cap. 21, P. L., t. III, col. 787.
(2) *Didascalie des Apôtres*, ch. vi, trad. Nau, dans *Le Canoniste contemporain*, avril 1901, p. 210.
(3) *Constitut. apostol.*, lib. II, cap. xvi.

étaient partagés en trois classes. Nous en avons la preuve, pour le milieu du troisième siècle, dans l'*Epître Canonique* de saint Grégoire le Thaumaturge (1). On distinguait :

1) *Les Ecoutants* (ἀκροώμενοι), assimilés aux catéchumènes, qui ne pouvaient assister qu'à la partie didactique de l'office divin.

2) *Les Prosternés* ou *Agenouillés* (ὑποπίπτοντες, ou γόνυκλίνοντες) ainsi nommés probablement parce qu'après le départ des Ecoutants, ils pouvaient encore assister à l'office, mais seulement à genoux. La messe des catéchumènes achevée, l'évêque leur imposait les mains en priant pour eux comme pour les *Assistants*.

3) *Les Assistants* (συστάντες), qui assistaient debout à l'office comme les fidèles, mais ne pouvaient encore s'approcher de la sainte table.

Le canon final dè l'épître de saint Grégoire mentionne encore une autre classe de pénitents, *les Pleurants* (προσκλαίοντες) ; mais c'est là une addition. Toutefois l'état de choses que ce canon signale est vrai pour le ivᵉ siècle. Comme les pécheurs devaient avant tout demander leur admission à la pénitence, de cette situation spéciale est résulté insensiblement le stage des Pleurants. Il en est question pour la première fois dans les Epîtres canoniques de saint Basile, à propos d'un impudique et d'un homicide (2). On y voit que l'impudique, avant son admission aux autres degrés de la pénitence, devra pleurer (προσκλαίειν) pendant un an devant la porte de l'église, et que l'homicide, des vingt années durant lesquelles il demeurera exclu de l'Eucharistie, en passera quatre « à pleurer, se tenant debout de-

---

(1) Grég. Thaumat, *Epit. canon.*, Migne, P. G., t. X, col. 1019, surtout Canon xi, col. 1018.
(2) Ep. 199, can. xxii ; Ep. 217, can. lxvi.

vant les portes de la maison de prière, sollicitant
l'intercession des fidèles qui entrent, et confessant
ses fautes ». Nous retrouverons tout à l'heure en
Afrique une même classe de pénitents, dès la fin du
II⁰ siècle.

En règle générale, les pénitents devaient passer
successivement par les différents degrés de ces
exercices pénitentiels. Cette règle souffrait cependant des exceptions. Dans le canon 34 de l'épître
canonique de saint Basile, par exemple, non seulement il est défendu de dénoncer le crime d'une
femme adultère, que le prêtre aurait connu par la
confession ou autrement, mais encore, afin d'éviter
qu'on ne conclût de la pénitence à la faute, il est
ordonné que toute la pénitence infligée en raison
d'un tel crime soit accomplie dans la classe des
Assistants.

L'aire d'influence de ce régime pénitentiel est
assez limitée. On s'est demandé s'il avait débordé
l'Asie Mineure. Le concile de Nicée, qui l'adopte en
certains points, eut-il l'intention de l'étendre à toute
l'Eglise ? Nous n'avons pas de motifs de le croire.
Les canons de Nicée, comme on l'a fait observer justement, visaient surtout cette partie de l'Empire qui
était au pouvoir de Licinius. En fait, on n'a pas de
preuve que le système des stations pénitentielles, tel
qu'il est indiqué dans les épîtres canoniques de
saint Grégoire le Thaumaturge, de saint Grégoire
de Nysse, de saint Basile, ou dans les actes des
conciles de Néocésarée et d'Ancyre (314), ait été appliqué à l'Occident, ni même à Antioche, à Alexandrie
ou à Constantinople (1).

Dans cette dernière ville, s'il faut en croire Socrate

____

(1) Cf. sur ce point, Funk, *Die Bussstationen in christlichen
Altertum*, dans *Kirchengeschichtliche Abhandlungen*, Paderborn,
1897, t. I, p. 182-209.

et Sozomène, s'établit de bonne heure, au plus tard sous Dèce, c'est-à-dire vers 250, le régime du prêtre pénitencier, chargé de suppléer l'évêque dans l'administration de la pénitence. C'est à lui que s'adressaient les pécheurs ; et, selon la gravité de leurs fautes ou le degré de leur contrition, dont il était le seul juge responsable, il les tenait plus ou moins longtemps éloignés de la Table eucharistique(1). Leurs exercices pénitentiels consistaient sans doute, comme ailleurs, en jeûnes et en mortifications de toutes sortes.

La pénitence publique dont Tertullien nous fait la peinture pour l'Afrique sous le nom d'exomologèse est assez lugubre. Le pécheur ne doit pas se contenter de déplorer sa faute dans son for intérieur, il faut encore qu'il montre son repentir par des actes. Il se vêtira d'un cilice, et prendra le deuil, c'est-à-dire que désormais il ne se lavera plus, ni ne se peignera les cheveux. A cette mortification extérieure se joindra le jeûne, qui sera comme le condiment de ses prières, *jejuniis preces alere*. Voilà pour sa vie privée. Devant ses frères, il n'aura pas d'autre attitude que celle de l'humiliation, il se roulera aux pieds des prêtres, il s'agenouillera devant les chéris de Dieu et chargera les fidèles de se faire les messagers de sa prière (2).

Tertullien ne nous dit pas à quelle catégorie de pécheurs s'appliquait cette rigoureuse discipline. Il semble qu'ils formaient une classe de pénitents assimilable aux Pleurants de l'Asie Mineure. Dans le *De Pudicitia*, l'auteur distingue entre les pécheurs à qui l'accès de l'église était permis et ceux à qui l'entrée en était interdite. Les adultères, notamment,

<hr>

(1) Socrate, *Hist. eccles.*, lib. V, cap. xix ; Sozomène, *Hist. eccles.*, lib. VII, cap. xvi.

(2) Tertullien, *De Pœnitentia*, capp. ix-x. « *Adsistat pro foribus ecclesiæ* », etc.

subissaient leur pénitence « à la porte de l'église ». C'était là qu'ils se tenaient dans une attitude humiliée, avertissant les fidèles par leur exemple de l'ignominie du péché, demandant à leurs frères de pleurer sur eux, et sollicitant la compassion publique, même sans aucun espoir de réconciliation (1).

Plus tard, saint Augustin nous signalera pareillement dans son église une classe de pécheurs qu'il appelle « proprement pénitents », *proprie pœnitentes* (2). Il ne nous dit pas s'ils formaient plusieurs classes, mais nous inclinons à croire que le châtiment de quelques-uns pouvait consister dans une exclusion momentanée de l'Eucharistie. Cette forme de la pénitence publique rappelait assez bien la situation des *Assistants* de l'Asie Mineure.

Saint Ambroise nous apprend qu'à Milan les pénitents formaient aussi différentes classes (3). Malheureusement il ne nous renseigne pas sur la nature des peines auxquelles chacune de ces classes était assujettie.

Pour Rome, nous n'avons pas de documents antérieurs au ve siècle. Mais rien n'empêche d'admettre qu'ils représentent un état beaucoup plus ancien. Voici du moins ce que nous rapporte Sozomène : «Les pénitents accomplissent privément les exercices qui leur sont imposés ; ils sont condamnés aux jeûnes et cessent de se laver. » Il faut que leur visage porte la marque de leurs mortifications. L'entrée de l'église ne leur est pas interdite ; mais ils y forment un groupe à part. Là, après l'office liturgique, ils se prosternent en poussant des plaintes et des lamentations. Du sanctuaire, l'évêque vient à eux, se jette

____

(1) *De Pudicitia*, capp. III-IV.
(2) *De Fide et operibus*, cap. 48 ; Sermo CCCLII, cap. VIII.
(3) Vacandard, *Le traitement des « peccata leviora » dans l'Église primitive*, dans *Revue du Clergé français*, 15 août 1901, p. 610-614.

également par terre et s'unit à leurs gémissements.
Toute l'assistance, prenant sa part de la douleur com-
mune, fond en larmes. L'évêque se relève le premier,
fait relever les pénitents et, après avoir récité sur
eux les prières accoutumées, il les renvoie dans leur
demeure (1).

Nous sommes sans renseignements sur les exercices pénitentiels de l'Espagne et de la Gaule pour la
période des origines. Nous savons seulement qu'au
VIe siècle les pénitents portaient le cilice (2). En
Gaule, ils devaient en outre se raser la tête (3) ;
en Espagne, au contraire, ils laissaient pousser cheveux et barbe (4). Les deux églises concevaient
donc le deuil de façon différente. Mais en matière
aussi secondaire, la divergence des usages importait
peu.

Bref, la pénitence publique pouvait comprendre,
selon les lieux et la gravité des fautes, des peines
afflictives très humiliantes, ou simplement consister
dans la privation de l'Eucharistie avec jeûnes et
mortifications de quelques semaines (5). Si certains
pénitents étaient exclus de la liturgie proprement

____

(1) Sozomène, *Hist. eccles.*, lib. VII, cap. XVI
(2) *Concil. Agath.* (506), can. XV.
(3) *Ibid.*
(4) Isidore, *De eccles. offlciis*, II, 17.

(5) On s'est étonné que nous considérions comme une pénitence publique une simple exclusion de l'Eucharistie avec jeûne
et mortifications de quelques semaines (*Etudes* des PP. Jésuites,
20 juin 1901, page 774). Mais ce n'est pas notre faute, c'est la faute
des documents. L'auteur ajoute : « Si pour vous le temps de l'expiation ne fait rien à l'affaire, si un degré de publicité quelconque
dans la satisfaction vous suffit, il faudra dire qu'aujourd'hui encore
nous avons la pénitence publique, par exemple si quelqu'un ayant
reçu pour pénitence de faire un chemin de la croix, le fait à l'église
devant un certain nombre de personnes. » C'est là un malentendu
qui a l'air d'une plaisanterie. Ce qui constitue l'essence de la pénitence publique, c'est l'exclusion de l'Eucharistie, qu'elle qu'en soit
la durée, mais exclusion publique, suivie d'une réconciliation publique.

dite, cette règle ne paraît pas avoir été appliquée
à tous (1).

(1) Le D' Hugo Koch (*Die Büsserentlassung in der alten
abendlandischen Kirche*, dans *Theologische Quartalschrift*, 1900,
Heft. IV, p. 481-533) et M. Boudinhon (*Revue d'Histoire et de
Littérature religieuses*, t. VII (1902), p. 1-26) ont examiné la question de la *Missa Pœnitentium* dans l'ancienne discipline d'Occident, et estiment que, sauf exceptions très rares, les pénitents assistaient aux offices liturgiques. Mgr Batiffol explique les textes
d'une manière un peu différente et montre que certains pénitents
assistaient à la liturgie, tandis que d'autres en étaient exclus.
(*Bulletin de littérature ecclésiastique*, Toulouse, livraison de jan-
vier 1902, p. 5-18). C'est bien la conclusion qui se dégage de notre
étude.

CHAPITRE IV

QUELS PÉCHÉS ÉTAIENT SOUMIS
A LA PÉNITENCE PUBLIQUE

On enseigne communément que les seuls péchés soumis à la pénitence publique dans les premiers siècles de l'Eglise étaient l'idolâtrie, l'adultère (ou la fornication) et l'homicide, considérés comme les crimes les plus énormes qu'un fidèle pût commettre. On ajoute que, s'ils étaient secrets, ils échappaient au for extérieur de l'évêque et s'expiaient par la pénitence privée. Cette opinion ne nous paraît pas justifiée. Nous estimons, au contraire, en raison des documents que nous possédons, si rares soient-ils, que dans l'Eglise primitive tout péché mortel ou considéré comme tel, même secret, était passible de la pénitence publique.

Ce qui a embrouillé la question, selon nous, aux yeux des historiens et des théologiens, c'est que les Pères ne s'entendent pas sur la nature et la classification des péchés. Mais il suffit d'examiner leurs ouvrages, d'un peu près, pour voir que la théorie qui réduit les péchés pénitentiels à trois crimes publics est insoutenable.

L'un des principaux auteurs qui ont fourni une base à cette théorie est Tertullien. Or, Tertullien témoigne hautement contre les idées qu'on lui prête. Dès le début de son ouvrage *De Pudicitia*, il pose une distinction entre les péchés, qu'il appelle, selon leur degré de gravité, *maxima, media* et *modica* (1).

____

(1) *De Pudicitia*, cap. I.

Les premiers sont seuls « capitaux » ou « mortels »,
capitalia, mortalia, exitiosa. En un endroit, il semble les réduire à trois, et il essaie de justifier cette
réduction par des raisons scripturaires (1). Mais il
ne tient guère à cette classification. Un peu plus
loin, en effet, il énumère comme péchés graves et
mortels *(graviora et exitiosa)* « l'homicide, l'idolâtrie, le vol, la négation, le blasphème, l'adultère et
la fornication, et toute autre violation du temple de
Dieu (2). » Ce dernier membre de phrase laisse
même aux théologiens une certaine marge. Or, tous
ces péchés, pour lesquels l'Eglise, selon Tertullien,
n'avait pas de pardon, étaient pourtant soumis à la
pénitence publique. Ceux qui s'en étaient rendus
coupables les expiaient aux portes de l'église (3).

Restent les péchés « moyens » et les péchés « légers », *media* et *modica*. Tertullien les décrit ainsi :
« Il y a, dit-il, des tentations et, par suite, des péchés de chaque jour, auxquels nous sommes tous
exposés. A qui n'arrive-t-il pas de se mettre en
colère injustement et jusqu'après le coucher du
soleil, ou de mettre la main sur quelqu'un, ou de
maudire (trop) facilement, ou de juger téméraire-
ment, ou de violer la foi d'un pacte, ou de mentir
par crainte ou par nécessité ? Dans les affaires, dans
les devoirs, dans le gain, dans la nourriture, dans
ce que nous voyons, dans ce que nous entendons,
combien sommes-nous tentés ? S'il n'y avait pas de
pardon de ces péchés, il n'y aurait de salut pour
personne », *ut si nulla sit veniâ istorum, nemini
salus competat* (4). Ailleurs il est plus explicite encore ; à propos de la brebis égarée et de la drachme

(1) *De Pudicitia*, cap. v et xii.
(2) *De Pudicitia*, cap. xix.
(3) *De Pudicitia*, cap. iii et iv.
(4) *De Pudicitia*, cap. xix.

perdue, il écrit : « Dire que ce qui est sauf a péri est une manière de parler. C'est ainsi que périt le fidèle qui s'est égaré dans le spectacle de la fureur du cirque, du sang des gladiateurs, des souillures de la scène, des vanités du ceste ; qui a pris quelque part aux jeux, aux banquets d'une solennité séculaire, au service de l'idolâtrie du prochain ; ou qui a laissé tomber, par défaut d'attention, une parole de négation ou de blasphème. Pour une faute de ce genre, il a été mis hors du troupeau ou s'y est mis peut-être lui-même, par colère, par orgueil, par jalousie, et enfin, ce qui arrive souvent, par refus du châtiment (auquel on voulait le soumettre), *dedignatione castigationis*. On doit le rechercher et le rappeler. Ce qu'on peut recouvrer n'a pas péri, à moins qu'il ne demeure (volontairement) dehors. Le véritable sens de la parabole de la brebis égarée est donc qu'on ramène dans le bercail un pécheur encore vivant (1) », c'est-à-dire un coupable qui n'a pas commis de péché mortel.

Aux yeux de Tertullien montaniste, si nous comprenons bien sa pensée, ce sont ces péchés « moyens » qui constituent proprement la matière de « la seconde pénitence ». L'Eglise ne prie pas pour les fidèles coupables de péchés mortels, c'est-à-dire que Dieu seul peut remettre ; elle ne prie que pour les pénitents qui ont commis des fautes moindres, *peccata minora, mediocria*. Ceux-ci constituent proprement le groupe de pénitents publics pour lesquels l'Eglise a des prières et finalement un pardon (2). L'évêque est le ministre de cette espèce de pénitence, et, comme les péchés qu'on y expie sont relativement légers, il peut

(1) *De Pudicitia*, cap. VII.
(2) Cf. *De Pudicitia*, cap. III, IV, VII et passim. Cf. Vacandard, *Le traitement des « peccata leviora » dans la primitive Eglise*, dans *Revue du Clergé français*, 15 août 1901, p. 601-602.

les remettre par l'absolution : *illa penitentiæ specie post fidem (baptismum) quæ aut levioribus delictis veniam ab episcopo consequi poterit* (1).

Tertullien nous offre un exemple concret de sa théorie dans la parabole de la drachme perdue et retrouvée : « Même dans la maison de Dieu qui est l'Eglise il peut y avoir, dit-il, des délits moyens *(mediocria)* représentés par le module et le poids de la drachme. *Cachés d'abord, puis découverts,* l'Eglise en finit tout de suite avec eux dans la joie qu'elle a de les voir corrigés, *cum gaudio emendationis* (2). » Ces derniers mots, selon nous, indiquent une pénitence accomplie par le coupable et dont l'Eglise est l'heureux témoin. Cette pénitence, aussi bien que la réconciliation qui la suit, ont un caractère incontestable de publicité.

La discipline de l'Eglise africaine trouve son expression plus explicite, encore qu'un peu obscure, dont les ouvrages de saint Cyprien et de saint Augustin. Saint Cyprien condamne à la pénitence publique non seulement les *peccata maxima* ou *graviora,* mais encore les *peccata minora : Cum in minoribus peccatis agant peccatores pœnitentiam justo tempore et secundum disciplinæ ordinem ad exomologesim veniant et per manus impositionem episcopi et cleri jus communicationis accipiant,* etc. (3). Certains théologiens, notamment Collet, voulant éluder la force de ce texte, ont prétendu que les *peccata minora* étaient la fornication, l'adultère et l'homicide, par opposition à l'idolâtrie que saint Cyprien aurait considérée comme *peccatum majus* ou *maximum.* En l'une de ses lettres, en

______

(1) *De Pudicitia,* cap. XVIII.

(2) *De Pudicitia,* cap. VII.

(3) Cyprien, Ep. 9, n° 2. Migne. P. L., t. IV, col. 251.

effet, l'évêque de Carthage détermine ce qu'il appelle les *peccata maxima* par ces mots : *Quæ in Deum committuntur* (1). Il ne peut donc s'agir, dit-on, que de péchés qui s'attaquent directement à Dieu, comme l'idolâtrie. Mais le malheur veut que saint Cyprien s'inspire ici de Tertullien, qui compte parmi les *non dimittenda in Deum delicta* (2), c'est-à-dire parmi les péchés qui s'attaquent à Dieu, non seulement l'idolâtrie, mais encore l'homicide et l'adultère. Du reste, si l'on veut connaître l'opinion exacte du saint évêque sur la gravité du crime des *maechi* ou fornicateurs, on n'a qu'à ouvrir sa lettre à Antonianus ; il y déclare que les fornicateurs sont beaucoup plus coupables que les « tombés » ou *lapsi* connus sous le nom de *libellatici : quanto multo gravior et pejor est maechi quam libellatici causa* (3). En cela encore il est l'écho de la doctrine de Tertullien. Il ne faut donc pas songer à lui imputer une théorie qui rangerait l'adultère parmi les *peccata minora*. Quels étaient donc ces « péchés moindres » qu'il soumettait à la pénitence publique ? C'étaient, selon nous, les péchés que les casuistes classeraient aujourd'hui parmi les péchés mortels, bien qu'ils n'offrissent pas la même gravité que l'adultère ou l'idolâtrie.

Saint Augustin a eu cent fois l'occasion d'exprimer sa pensée sur la nature des péchés, et toujours il les a divisés en trois catégories, par comparaison avec les différents moyens que Dieu a établis pour leur rémission. Outre le péché originel et les péchés actuels que remet le baptême, « il y a, dit-il, les péchés véniels sans lesquels cette vie n'est pas concevable, *sunt venialia sine quibus vita*

_____

(1) Ep. 11, *Ibid.*, p. 257.
(2) *De Pudicitia*, cap. XXI ; cf. cap. XVIII.
(3) *Ep. ad. Antonianum*, n· 26, P. L., t. III, col. 791.

ista non est (1), et les péchés pour lesquels il est nécessaire de séparer le coupable du corps du Christ, c'est-à-dire de l'Eglise. » Mais « quels sont les péchés légers et quels sont les péchés graves ? Cela doit se peser, non au jugement de l'homme, mais à celui de Dieu (2) ». Et le saint docteur en appelle au Décalogue et à saint Paul pour déterminer les péchés qui donnent la mort spirituelle à notre âme et méritent l'enfer (3).

Le remède à tous ces maux est indiqué. Nulle part saint Augustin ne recommande le recours au prêtre et la confession pour ce qu'il appelle les péchés véniels. Ils sont remis, dit-il, par la vertu de l'oraison dominicale, ou même simplement par l'aumône. A maintes reprises, il revient sur la valeur expiatrice de la demande contenue dans l'oraison dominicale : « Pardonnez-nous nos offenses, comme nous pardonnons à ceux qui nous ont offensés (4). » Mais aux péchés mortels il n'offre d'autre remède que l'absolution sacerdotale, méritée par des signes et des sentiments de véritable pénitence. « Celui qui est enchaîné par les liens du péché mortel, après avoir porté en lui-même et contre lui-même une sentence de traitement très sévère, doit se présenter devant les évêques à qui les clefs ont été confiées dans l'Eglise, afin que, commençant à redevenir un bon fils, il reçoive de ceux qui sont préposés aux sacrements la mesure de sa satisfaction (5). »

La difficulté est de savoir si tout fidèle coupable de péché mortel était, d'après saint Augustin, passible

---

(1) *De Symbolo ad Catechum.*, Serm. I, cap. XV-XVI. Cf. *Enchiridion*, cap. XVII ; Serm. LVI in Matth. VI, cap. XII ; Serm. 351, n° 2 ; Serm. 352, n°° 7 et 8, etc.
(2) *Enchiridion*, cap. XXI.
(3) Serm. 351, n°° 7 et 8.
(4) *De Symbolo*, Serm. I, cap. XV ; *Enchiridion*, cap. XIX, etc.
(5) Serm. 351, n° 9.

de la pénitence publique. On le nie assez communément. A coup sûr, tous les pécheurs n'étaient pas soumis à une pénitence publique uniforme et d'égale durée. Il appartenait au confesseur de déterminer « la mesure de la satisfaction », *satisfactionis suæ modum*. Mais si tous n'étaient pas rangés dans la même classe, il paraît, du moins, incontestable que tous étaient exclus, pendant un temps plus ou moins long, de la communion eucharistique. Saint Augustin ne parle guère de péché grave, sans y joindre la menace de cette exclusion, qui en était, à ses yeux, la conséquence inévitable (1). Par là le châtiment du moindre péché mortel (si l'on peut s'exprimer ainsi) avait une sorte de publicité, à laquelle s'ajoutait la publicité de la réconciliation.

L'Eglise d'Espagne paraît avoir été, en matière pénitentielle, l'héritière du rigorisme africain. Pendant que la discipline s'adoucissait un peu partout, le concile d'Elvire (vers 300) jugeait bon de maintenir les sévérités des temps anciens. Saint Pacien, évêque de Barcelone (seconde moitié du iv° siècle), nous apprend lui-même qu'il s'inspirait de Tertullien et de saint Cyprien (2). Il relève, en effet, de Tertullien pour la détermination des péchés mortels, qu'il réduit à trois : l'adultère ou la fornication, l'homicide et l'idolâtrie(3). Rangeait-il sous ces trois chefs une série d'autres péchés qu'il ne nomme pas et qu'il aurait pareillement assujettis à la pénitence publique ? Nous ne saurions le dire.

On devine quelle « forêt de délits », pour employer

(1) *De Symbolo*, Serm. I, cap. xv ; Serm. 351, cap. vii ; Serm. 352, cap. viii ; Serm, lvi, in Matth., cap. xii ; Ep. 51 *ad Januarium*, cap. iv ; Ep. 152 *ad Macedonium*, cap. xv. Nous avons cité tous ces textes, *Revue du clergé français*, 15 août 1901, p. 610-611.
(2) *Ep. 3 ad Sempronianum*, cap. xxiv, Migne P. L. t. XIII, col. 1079 ; cf. *Parœnesis ad Pœnitentiam*, cap. xx-xii, *ibid*.
(3) *Parœnesis ad Pœnit.*, cap. iv, col, 1083.

son expression, il classait parmi les péchés légers.
La difficulté est de savoir à quels traitements il soumettait ces derniers. Il ne les condamnait pas assu-
rément aux humiliations de la pénitence publique.
Mais il déclare que l'Eglise a le pouvoir de remettre
tous les péchés, quels qu'ils soient, grands ou petits :
*Quæcumque solveritis, inquit, omnino nihil exce-
pit ; quæcumque inquit, vel magna, vel modica* (1).
Et, à l'endroit même où il traite du pouvoir des clefs,
opposant l'une à l'autre la correction fraternelle et
l'absolution sacerdotale, il fait remarquer que la
première a lieu en secret, tandis que la seconde ne
s'administre pas « sans prêtre et sans la présence
des fidèles (2) » qui s'associent à la prière du pécheur
repentant. Dans ces conditions il semble que l'absolution des péchés, même légers (ou, pour mieux
dire, relativement légers), ait eu quelque publicité à
Barcelone.

A Milan, saint Ambroise s'exprime plus clairement : « De même qu'il n'y a qu'un baptême, dit-il,
de même il n'y a qu'une pénitence, j'entends une pénitence publique, car nous devons aussi faire pénitence
de nos péchés quotidiens, mais cette dernière pénitence a pour objet les péchés légers, et l'autre les
péchés graves (3). » Ainsi pas de moyen terme : ou,
les péchés graves, passibles de la pénitence publique,
ou les péchés légers qu'expie la pénitence privée
(non sacramentelle). Malheureusement la publicité
effarouche un grand nombre de pécheurs : « La plupart, dit saint Ambroise, par crainte du supplice
futur et conscients de leurs péchés, demandent la
pénitence, mais lorsqu'ils l'ont obtenue, ils se trou-
vent arrêtés par la honte de la supplication publique.

(1) *Ep. 3 ad Sempron.*, cap. VII, col. 1071.
(2) *Ibid.*
(3) *De Pœnitentia*, lib. II, cap. X.

Quelques-uns même, en demandant la pénitence, voudraient qu'on leur rendît tout de suite la communion : ce que le prêtre ne saurait faire sans charger sa conscience (1). » Est-il besoin d'ajouter que le châtiment n'était pas le même pour tous les coupables ? Saint Ambroise marque nettement qu'il y avait à Milan plusieurs classes de pénitents publics : *Ubi posuisti eum ? Hoc est, in quo reorum statu est, in quo pœnitentium ordine* (2) ? Vraisemblablement pour quelques-uns l'épreuve consistait uniquement dans la privation de l'Eucharistie et dans certains exercices privés de mortifications tels que le jeûne et les oraisons prolongées.

A Rome, nous savons par le Pape saint Innocent (401-417) que les fidèles étaient assujettis à la pénitence publique, aussi bien pour les péchés *leviora* (3) que pour les péchés *graviora*. Par *leviora*, nous entendons ici, jusqu'à preuve du contraire, les péchés mortels en général. C'était à l'évêque *(sacerdotis)* d'apprécier la gravité des péchés, et de tenir compte, pour la durée de la pénitence, des sentiments du coupable. Cette discipline répond parfaitement au régime que Sozomène (vers 440) déclare avoir été en usage à Rome (4) depuis la plus haute antiquité.

Pour la Gaule nous n'avons pas de documents bien précis pour les origines. Nous ne nous y arrêterons pas.

En Orient nous rencontrons d'abord l'Eglise d'Alexandrie, qui se ressent, en matière de discipline pénitentielle, du voisinage de Rome et de Carthage. Origène ne semble connaître que deux catégories de péchés, les *graviora*, sur le traitement.

(1) *De Pœnitentia,* lib. II, cap. IX.
(2) *Ibid.,* cap. VII.
(2) *Ep. ad Decentium, episc. Eugub.,* cap. VII, Migne, t. LVI, col. 517.
(4) Sozomène, *Hist. eccles.,* lib. VII, cap. XVI.

desquels il n'a pas toujours été d'accord avec lui-même (1), et les *leviora* qu'il désigne par ces mots : *Communia quæ frequenter incurrimus.* Les *graviora* étaient nécessairement passibles de la pénitence publique, et pendant quelque temps le grand docteur les a déclarés irrémissibles par l'Eglise. Quant aux *communia*, « de telles fautes, dit-il, peuvent toujours être réparées, et il ne nous est jamais interdit d'en faire pénitence. Dans les crimes graves il n'y a place pour la pénitence qu'une seule fois ; mais les fautes communes reçoivent toujours la pénitence et sont rachetées sans cesse (2). » « Reçoivent toujours la pénitence », qu'est-ce à dire ? Origène a-t-il ici en vue la pénitence ecclésiastique ? Nous accepterions volontiers cette explication. On se rappelle que Tertullien et Pacien semblent faire intervenir l'Eglise dans la rémission des péchés *mediocria* et *modica*. Or, selon nous, les *communia* d'Origène, sont sans contredit les *mediocria* ou les *leviora* de Tertullien, et les *modica* ou *leviora* des Novatiens.

En Syrie tous les péchés graves paraissent avoir été soumis à une expiation publique dont la durée variait entre deux et sept semaines (3).

Quels péchés le prêtre pénitencier de Constantinople condamnait-il à la pénitence publique ? Aucun document ne nous permet de le déterminer. Mais rien ne nous autorise à penser qu'il administrait secrètement le sacrement aux fidèles coupables de péchés mortels.

Le système pénitentiel de l'Asie Mineure est mieux

---

(1) Cf. *De Oratione*, cap. xxviii, et *Contra Celsum,* lib. II, cap. li.
(2) *Homilia XV* in Levit., cap. ii, Migne P. G. t. XII, col 561, Vacandard, *Revue du Clergé français,* 15 septembre 1900, p. 128, note 1.
(3) *Constit. Apostol.*, lib. II, cap. xvi.

connu pour le troisième et le quatrième siècle. Parmi
les péchés graves soumis à une pénitence publique
déterminée par les canons, nous trouvons l'idolâtrie,
l'homicide, la fornication (ou l'adultère), le rapt, le
parjure, la consultation des devins, la violation des
sépultures, le sacrilège, le vol (1). Saint Basile se
plaint quelque part d'une « déplorable coutume ou
même d'une tradition perverse des hommes, qui
n'attache d'importance qu'à certains péchés graves,
tels que l'homicide, l'adultère, ou autres crimes du
même genre, et considère comme une quantité négli-
geable la colère, les injures, l'ivrognerie, l'avarice, etc., qu'on ne trouve pas même dignes d'une
simple objurgation, bien que saint Paul, parlant au
nom du Christ, ait dit : « Ceux qui font cela sont
dignes de mort (2). »

Saint Grégoire de Nysse rend à peu près le même
témoignage : « De la colère, dit-il, dérivent sans
doute beaucoup de péchés et des maux de tout
genre. Toutefois nos Pères ont jugé bon de ne pas
épiloguer et de ne pas mettre trop de zèle à guérir
tous les péchés qui naissent de la colère. Et quoique
l'Écriture interdise non seulement les blessures et le
meurtre, mais encore les injures, les malédictions
ou autres péchés du même genre, c'est contre le
seul homicide qu'ils ont élevé la barrière des
peines (3). » Et plus loin : « Il est une autre espèce
d'idolâtrie au témoignage de l'Apôtre ; je ne sais comment sa guérison a été négligée par nos Pères... ; c'est
l'avarice. Le divin Apôtre l'a qualifiée non seulement
d'idolâtrie, mais encore de racine de tous les maux ;

---

(1) Grégoire le Thaumaturge, Grégoire de Nysse, Basile, *Ep.
canon.* passim. Cf. Vacandard, *Revue du Clergé français*, 15 août
1901, p. 461 et suiv.
(2) *De Judicio Dei*, cap. VII, P. G. t. XXXI, col. 669. Cf. Vacandard, *Revue du Clergé français*, 15 sept. 1900, p. 123, note 2.
(3) *Ep. canon.*, can. 5, P. G. t. XLV, col. 229.

et cependant cette espèce de maladie a été laissée de
côté sans surveillance et sans soin. De là vient
qu'elle est fréquente dans les églises (1). »

Et pourquoi saint Basile et saint Grégoire se
plaignaient-ils que tel ou tel péché négligé par leurs
prédécesseurs n'ait pas été, au même titre que tant
d'autres, soumis à la pénitence canonique ? Evidem-
ment parce qu'ils le considéraient comme grave ou
même mortel. Qu'est-ce à dire, si ce n'est qu'à leurs
yeux tout péché mortel devait être condamné à la
pénitence publique ?

Mais cette discipline, si rigoureuse, s'appliquait-
elle même aux péchés secrets ? Bien que la négative
ait pour elle de graves théologiens, nous inclinons
pour l'affirmative. Voici les principaux textes sur
lesquels s'appuie notre opinion :

Après avoir décrit les exercices de la pénitence
publique, Tertullien, encore catholique, exhorte les
pécheurs secrets à s'y soumettre. Et cette exhorta-
tion n'est pas, comme on l'a dit, un simple conseil ;
elle constitue dans sa pensée une réelle obligation.
« La plupart, dit-il, cherchent à s'y soustraire, ou
diffèrent de jour en jour, plus soucieux de leur honte
que de leur salut ; semblables en cela à ces malades
qui évitent de révéler aux médecins les maladies
qu'ils ont contractées dans les parties secrètes du
corps, et qui périssent par fausse honte... Le bel
avantage de cacher ainsi son péché par pudeur ! Si
nous parvenons à le soustraire à la connaissance des
hommes, le cèlerons-nous également à Dieu ? Vaut-
il mieux être damné en secret que d'être absous en
public (2) ? » On ne contestera pas, je pense, qu'il
s'agisse ici de pénitence publique et de péchés secrets.

(1) *Ep. canon.*, can. 6, col. 232-233.
(2) *De Pœnitentia*, cap. x.

C'était encore de pénitence publique que saint Cyprien parlait lorsque, voulant encourager les *libellatici* à se soumettre aux exercices pénitentiels, il leur proposait l'exemple de ceux qui, coupables seulement de péchés de pensée *(quoniam tamen de hoc vel cogitaverunt)* n'hésitaient pas à s'y assujettir (1).

Saint Augustin a maintenu sur ce point la tradition de l'Eglise d'Afrique. S'adressant aux fidèles coupables d'adultère secret, il leur dit : « Faites pénitence, j'entends la pénitence qui se fait dans l'Eglise, afin que l'Eglise prie pour vous. Et qu'on ne me dise pas : J'ai péché en secret, je fais pénitence devant Dieu, car ce n'est pas sans raison que les clefs ont été données à l'Eglise de Dieu. Ne frustrons pas l'Evangile de Dieu (2). » Certains théologiens n'ont vu dans ce texte qu'une allusion au pouvoir des clefs et à l'absolution secrète. Mais les mots : *qualis in Ecclesia agitur ut pro vobis oret Ecclesia,* indiquent bien qu'il s'agit de pénitence publique.

Nous verrons plus loin que l'Eglise avait coutume de prier pour les pécheurs qui expiaient publiquement leurs fautes. Du reste, cette interprétation se trouve confirmée par un autre texte de saint Augustin : « Nous ne pouvons exclure de la communion, dit-il, que ceux qui sont condamnés par un jugement ou qui se confessent spontanément (3). » Les péchés connus seulement par un aveu secret étaient donc assujettis, comme les autres, à la pénitence publique.

En Italie, même discipline. Saint Ambroise reproche aux Novatiens de refuser à certains pécheurs la communion et le pardon ; et, pour faire voir l'odieux

(1) *De Lapsis,* cap. XXVIII
(2) Serm. 392, n° 3.
(3) Serm. 351, n° 10.

de leur conduite, il leur met sous les yeux un coupable qui sollicite publiquement son pardon avec toutes les marques du véritable repentir. Or, ce coupable, dans son hypothèse, n'a commis que des péchés secrets : *Si quis occulta crimina habens.* « Son pardon, il l'espère, il le demande avec larmes, avec des gémissements, il le demande avec les lamentations de tout le peuple, il supplie qu'on lui pardonne ; on lui refuse la communion deux fois, trois fois, et alors il se remet à supplier avec plus d'insistance, il verse plus de larmes, etc. (1) ». Certains théologiens ont chicané sur ce texte, et prétendu qu'il s'agissait d'un pécheur qui s'était astreint, de lui-même, par dévotion, à la pénitence publique : *studiose propter Christum.* Mais *studiose* marque ici l'intensité de sa pénitence, par opposition à la cruauté des Novatiens qui refusaient le pardon à un tel repentir. Pas un mot, dans tout le traité de saint Ambroise, qui permette de penser que les péchés secrets aient été remis par la pénitence sacramentelle secrète.

L'usage de la pénitence secrète pour les péchés secrets était si bien entré dans les mœurs, en certaines régions de l'Italie, qu'on en vint à rédiger par écrit la liste des péchés confessés et à la lire ensuite publiquement. Saint Léon proteste contre cette coutume inconvenante et « contraire à la règle apostolique », faisant remarquer « qu'il suffit d'indiquer aux évêques seuls, *solis sacerdotibus,* par une confession secrète l'état de sa conscience. Sans doute, ajoute-t-il, il convient de louer cette plénitude de foi qui, par crainte de Dieu, ne craint pas de rougir devant les hommes, mais *comme les péchés de tous ceux qui demandent la pénitence ne sont pas de nature à être publiés, sans que les coupables en redou-*

_____

(1) *De Pœnitentia,* lib. I, cap. XVI.

tent la publicité, il faut abandonner cette coutume regrettable, de peur que beaucoup ne s'éloignent des remèdes de la pénitence, soit par honte, soit par crainte de voir révéler à leurs ennemis des faits qui peuvent tomber sous le coup des lois. Du reste, cette simple confession suffit, que l'on fait d'abord à Dieu, puis au prêtre, lequel prie pour les péchés des pénitents. Enfin plusieurs seront amenés plus facilement à la pénitence, si la conscience du coupable qui se confesse n'est pas révélée aux oreilles du peuple (1). » Ce que saint Léon reproche aux confesseurs, ce n'est pas de condamner les fidèles à la pénitence publique pour des péchés secrets, mais de révéler indiscrètement ces péchés au peuple.

En Orient, Origène enseigne que le médecin de l'âme doit conseiller à son pénitent d'exposer sa langueur à toute l'assemblée des fidèles, si cela peut servir à l'édification d'autrui et à sa propre édification (2). Il ne s'agit pas seulement ici de pénitence publique, mais de confession publique. La publicité de la confession pour les péchés secrets était nécessairement une affaire de prudence et d'opportunité.

Saint Basile décide qu'une femme adultère, dont le crime n'a qu'une demi-publicité ou même n'est connu que par la confession, échappera au châtiment de l'adultère public, mais expiera néanmoins publiquement sa faute dans la station des « Assistants (3) ».

Cette mesure disciplinaire indique que l'Eglise avait quelque indulgence pour les péchés secrets. La pénitence à laquelle ils étaient condamnés avait cela

---

(1) *Ep. ad Episcop. Campaniæ,* etc., cap. II, Migne, P. L., t. LIV, col. 1210.
(2) *Homilia 2 Psalm.* XXXVII, Migne, P. G., t. XII, col. 1386.
(3) *Ep. canon.,* can. 34.

d'avantageux qu'elle ne dévoilait pas leur nature ni leur gravité.

Cependant nombre de théologiens n'admettent pas que les péchés secrets aient été jamais assujettis à la pénitence publique. Et pour soutenir leur opinion ils apportent les trois textes suivants :

1° « Si quelqu'un désire une femme, dit le Concile de Néocésarée, et que son désir n'aille pas jusqu'à l'acte, il paraît qu'il a été délivré par la grâce (1). » Et le concile s'abstient de condamner le coupable à la pénitence publique. Donc, etc.

2° « S'il s'agit d'un vol caché que l'on révèle au prêtre dans la confession, dit saint Grégoire de Nysse, le remède à appliquer sera seulement de faire succéder à ce vice la disposition contraire ; je veux dire que le voleur donnera aux pauvres ce qu'il a, pour bien montrer qu'il est délivré de la maladie de la cupidité (2). »

3° « Les péchés secrets ne sont pas soumis à la vindicte », c'est-à-dire à la pénitence publique, écrit saint Innocent Ier à l'évêque de Toulouse : *non habent latentia peccata vindictam* (3).

Ces textes ne nous paraissent pas avoir la portée qu'on leur attribue. D'abord il est remarquable que ni l'un ni l'autre ne fait la distinction qu'on établira plus tard entre la pénitence que doivent subir les péchés publics et celle dont sont passibles

______

(1) *Concil. Neocesar.* (314), can. 4.

(2) *Ep. canon.*, can. 6.

(3) *Ep. Innocent. ad Exuper. Tolos.*, cap. iv, Migne, P. L., t. XX, col. 499. Les théologiens joignent à ces textes, un texte de saint Jean Chrysostome, un texte de saint Augustin et quelques lignes d'auteurs postérieurs à l'époque que nous étudions. Nous n'avons pas à nous occuper de ces derniers. Pour saint Jean Chrysostome, nous ferons remarquer que la pénitence publique était abolie de son temps à Constantinople. Nous avons discuté ailleurs longuement le texte de saint Augustin, *Revue du Clergé français*, 15 août 1901, p. 611-613.

les péchés secrets : « *Quorum peccata in publico sunt, in publico debet esse pœnitentia ; quorum peccata occulta sunt et spontanea confessione soli tantummodo presbytero sive episcopo ab eis revelala fuerunt, horum occulta debet esse pœnitentia*, etc. (1) ». Ce silence des Pères, pendant plus de quatre siècles, sur la pénitence sacramentelle secrète appliquée aux péchés secrets, ne serait-elle pas une énigme, si elle avait réellement existé ?

En second lieu, peut-on dire que les textes cités suppléent à ce silence ?

Il faudrait prouver que le péché de désir dont parle le concile de Néocésarée était, aux yeux des Pères, un péché mortel. Les anciens n'avaient pas tout à fait la même mesure que nous pour juger du caractère mortel d'un péché. N'est-il pas permis de penser que les Pères de Néocésarée, par exemple, avaient en vue, quand ils formulèrent leur décision, le texte de l'Apôtre saint Jacques : « La concupiscence, lorsqu'elle conçoit, engendre le péché, et le péché, lorsqu'il est consommé, engendre la mort (2). » Suivant cette interprétation, un péché non consommé n'aurait pas été nécessairement assujetti à la pénitence publique. Cependant certains théologiens, persuadés que les Pères n'ont pas pu ne pas voir dans le péché de désir un péché mortel supposent qu'ils ont voulu simplement soustraire ce péché à la peine canonique dont l'adultère était passible, quittes à le soumettre à une peine non déterminée par les canons, mais pourtant publique, par exemple dans la classe des « Assistants ». C'est ainsi que saint Basile en usa plus tard à l'égard de l'adultère secret de la femme. Cette hypothèse est aussi acceptable que

(1) Raban Maur, *De Clericorum Institutione*, II, xxx. Cf. *Concil. Catalaun.* (813), can. 25 ; *Concil. Arelat.*, (813), can. 26:
(2) Jac. *Ep.* i, 15.

celle d'une pénitence sacramentelle secrète, dont il n'est jamais question dans les documents des premiers siècles. Et elle pourrait s'appliquer au cas signalé par saint Grégoire de Nysse.

Le texte de saint Innocent est plus facile à expliquer. Le pape vise le cas que traite vers le même temps saint Augustin. Il s'agit de fidèles qui, coupables d'adultère, se présentent néanmoins à la communion. Comment les en empêcher ? Si la preuve de leur culpabilité était faite juridiquement, rien de plus simple. Mais, la preuve faisant défaut, impossible de les condamner à la pénitence publique : *probatione cessante, vindictœ ratio conquiescit.* Voilà tout simplement le sens de cette formule : *non habent latentia peccata vindictam* (1).

Bref, on ne nous apporte pas de document qui permettè d'affirmer que les péchés mortels secrets étaient exempts de la pénitence publique. Et, d'après nombre de textes très clairs, ils y auraient été réellement assujettis.

Mais, dans cette hypothèse, que devient, dira-t-on, le secret de la confession ? A cet égard, je ferai une observation générale : jamais les Pères des premiers siècles n'invoquent, au sujet de la confession, à plus forte raison au sujet de la pénitence, la loi du secret, même lorsqu'ils ont l'occasion de le faire. J'en donne comme exemples deux ou trois faits éclatants. Sozomène raconte que la fonction de prêtre pénitencier fut établie par égard pour les pécheurs qui trouvaient trop pénible l'obligation de « révéler leurs péchés en public, *tanquam in theatro,* en présence de toute l'Eglise assemblée (2). » C'était le

----

(1) *Innocent. Ep.,* loc. cit. A comparer le texte de saint Augustin auquel nous avons fait allusion plus haut. Serm. 351, n° 10.

(2) Sozomène, *Hist. Eccles.,* lib. VII, cap. xvi.

cas, ce semble, de flétrir la confession publique comme incompatible avec la loi du secret ; il n'y songe même pas. Le biographe de saint Ambroise n'y songe pas davantage, lorsqu'il loue son héros de ne parler qu'à Dieu seul des crimes de ses pénitents; il ajoute simplement : « Bel exemple qu'il laissait aux prêtres, d'être des intercesseurs devant Dieu, plutôt que des accusateurs devant les hommes (1) ! » Le silence de saint Léon n'est pas moins significatif ; le pape, on s'en souvient, blâme avec une extrême énergie la conduite des confesseurs campaniens qui révélaient publiquement les péchés des fidèles ; mais, pour faire voir la nécessité d'abolir cette « coutume », quelle raison invoque-t-il ? c'est qu'un tel abus détourne les pécheurs de la pénitence (2) ; pas plus que Sozomène et Paulin, il n'en appelle expressément à la loi du secret sacramentel.

Est-ce à dire que cette loi du secret de la confession ne remonte pas aux temps apostoliques ? Telle n'est pas notre pensée. Mais il semble qu'on ne la jugeait pas incompatible avec la publicité de la pénitence. Lorsque Tertullien exhorte, dans son traité *De Pœnitentia*, le fidèle, coupable de péchés secrets, à se constituer pénitent public, il eût été fort surpris de l'entendre dire : « Mais cet aveu public de culpabilité est une violation du secret sacramentel. » — « N'êtes-vous pas en famille ? aurait-il répondu. Comment voulez-vous que votre aveu choque des frères qui sont aussi fragiles que vous et qui demain peut-être tomberont à leur tour, » *consortes casuum tuorum* (3) ? « Demandez donc à l'Église de prier pour vous, disait pareillement saint Ambroise au pécheur coupable de péchés secrets. Il n'y a

(1) *Vita Ambrosii,* cap. XXXIX.
(2) *Ep. ad Episcop. Campan.,* loc. cit.
(3) Cf. *De Pœnitentia,* cap. 10.

rien en cela qui doive vous faire rougir, si ce n'est de ne pas avouer votre culpabilité, puisque nous sommes tous pécheurs (1). » Évidemment ces Pères ne se doutaient pas que la pénitence publique fût une violation du secret de la confession.

(1) *De Pœnitentia,* lib. II, cap. x.

CHAPITRE V

DURÉE DE LA PÉNITENCE PUBLIQUE

La durée de la pénitence publique était loin d'être uniforme dans toute l'Eglise.

Nous avons vu qu'en Syrie, au commencement du troisième siècle, et même plus tard, il y avait des pénitences de deux semaines ; les plus longues ne dépassaient pas régulièrement sept semaines (1).

En Asie Mineure, suivant le régime de saint Grégoire le Thaumaturge, de saint Basile et de saint Grégoire de Nysse, les différents stages de la pénitence publique s'élevaient pour certaines fautes, par exemple pour l'homicide, jusqu'à vingt années, ainsi réparties : quatre ans en dehors des portes du temple dans la catégorie des « Pleurants » ; cinq ans sous le portique dans la classe des « Ecoutants »; sept à l'intérieur de l'église près de la porte parmi les « Agenouillés » ; et enfin quatre avec les fidèles parmi les «Assistants», dont toute la peine consistait dans la privation de l'Eucharistie (2). Encore ces longues privations étaient-elles soumises à la surveillance d'un prêtre pénitencier ou « économe de la pénitence » qui avait le pouvoir de les abréger à sa discrétion, quand les coupables lui paraissaient mériter cette faveur (3).

A Constantinople, c'était le prêtre pénitencier qui

______

(1) *Didascalie des Apôtres*, ch. vi, *loc. cit.;* cf. *Constitut. apostol.* lib. II, cap. xvi.

(2) Cf. Saint Basile, Ep. 199. can. 22; Ep. 217, can. 56, etc.

(3) Grég. Nyss. *Ep. canon.*, can. 7, (cf. can. 4); Basil. *Ep. can.* can. 2 (cf. can. 75 et 84).

déterminait la durée de la pénitence publique, et qui
l'allongeait ou l'abrégeait selon sa sagesse (1).

En Occident, à Rome par exemple (du moins à
partir du iv° siècle), les pénitents qui donnaient satisfaction à l'évêque (*sacerdoti*) étaient réconciliés le
Jeudi saint (2). Saint Innocent nous apprend que la
pénitence se mesurait plutôt sur les dispositions du
coupable que sur la durée du châtiment. Cette règle
paraît avoir été à peu près universelle.

Cependant il fut un temps où les fidèles coupables
de certains péchés, tels que l'idolàtrie, l'adultère et
l'homicide, étaient condamnés à une pénitence perpétuelle, sans espoir de réconciliation. Et on trouve
des traces de cette discipline non seulement en Afrique et en Asie Mineure, mais encore en Europe et
notamment à Rome. Un fait d'aussi haute gravité
demande à être bien établi et, autant que possible,
expliqué.

Le *Pasteur* d'Hermas nous apprend que, dès le
milieu du ii° siècle, certains didascales romains
étaient d'une extrême sévérité et prétendaient refuser
le pardon aux fidèles coupables de péchés graves (3).
L'Ange de la Pénitence tempère cette doctrine en
proclamant l'efficacité d'une pénitence post-baptis-
male, mais il ajoute que cette faveur est exception-
nelle et ne sera pas renouvelée (4). Il est visible que
deux écoles sont ici en présence. Le parti de la sévérité paraît avoir prévalu pendant quelque temps.
L'adultère, l'homicide et l'idolàtrie furent condamnés

(1) Sozomène, *Hist. eccles.* lib. VII, cap. xvi.

(2) Innocent. *Ep. ad Decentium Eugub.*, can. 7. Cf. *Liber ponti-
fical.*, éd. Duchesne, t. I, p. cxi.

(3) L'écho de la même opinion intransigeante se retrouve dans
la *Didascalie des Apôtres*, ch. vi, trad. Nau, dans *Le Canoniste
contemporain*, avril 1901, p. 206.

(4) *Mandat.* iv, 3.

à la pénitence perpétuelle. Mais il y eut une réaction
au commencement du IIIe siècle : le pape Calliste
décida que les adultères seraient réconciliés après
une pénitence plus ou moins longue ; cette mesure
provoqua d'énergiques protestations. Ce n'est pas
seulement Tertullien qui reproche au pontife d'inno-
ver en promulguant son fameux décret : *Ego mechiæ
et fornicationis delicta pœnitentia functis di-
mitto* (1). Saint Hippolyte lui adresse le même
reproche presque dans les mêmes termes (2).

La faveur de la réconciliation ne paraît pas avoir
été étendue par Calliste aux *lapsi* et aux homicides.
Origène atteste que ceux-ci ne devaient pas être
réconciliés par les évêques, pas plus que les adultères (3). En ce qui regarde les *lapsi* (fidèles coupables d'idolâtrie), son attestation se trouve confirmée, non seulement par les écrits de Tertullien (4),
mais encore par la conduite de saint Cyprien et celle
du clergé romain pendant la persécution de Dèce. A
Carthage, les *lapsi* sollicitaient instamment la communion, la paix, la *venia* ou réconciliation. Cyprien
trouve leur demande indiscrète : « Quand le feu de
la persécution sera éteint, on verra quelle mesure il
conviendra de prendre à leur égard, mais en atten-
dant il ne leur reste d'autre ressource que de faire
pénitence de leur faute, et de donner, au besoin,
leur vie pour l'expier (5). »

Le clergé romain adopte la même ligne de conduite. « Ceux qui ont sacrifié aux idoles, dit-il, nous
les avons séparés de nous, mais nous ne les avons

---

(1) *De Pudicitia*, cap. i.

(2) *Philosophumena*, lib. IX, cap. xii, Migne, P. G., t. XVI *ter*,
col. 3388.

(3) *De Oratione*, cap. xxviii.

(4) *De Pudicitia*, capp. i, iv.

(5) *Ep. ad Antonianum*, capp. iii-iv, Migne P. L., t. III, col. 764-765.

pas pour cela abandonnés : nous les avons exhortés et nous les exhortons à faire pénitence, afin qu'ils puissent obtenir indulgence de Celui qui peut la leur accorder, et de peur que, délaissés par nous, ils ne deviennent pires (1). » Mais lorsque le pape Corneille fut élu, il eut à se prononcer sur le sort des *lapsi* ; il les admit à la communion (2). Cette décision déconcerta les partisans du régime de la sévérité, toujours nombreux à Rome, qui se rangèrent sous la conduite de Novatien, dont ils firent un antipape. Celui-ci, on le sait, établit comme règle que les *lapsi* seraient admis à la pénitence, mais jamais à la communion.

En cela il ne faisait que généraliser la mesure adoptée pendant quelque temps par saint Cyprien et par le clergé romain (3). D'une mesure disciplinaire il fit un principe. Et dans sa fièvre de réaction contre le pape Corneille, il prétendit prouver par l'Ecriture qu'accorder le « pardon » aux *lapsi*, c'était usurper un pouvoir qui n'appartient qu'à Dieu : ainsi de schismatique il devenait hérétique. Sa théorie était aussi celle de Tertullien (4), et même pendant quelque temps celle d'Origène (5).

Mais, toute question dogmatique mise à part, il n'en reste pas moins établi que certains péchés étaient condamnés à une pénitence perpétuelle. Le témoignage du pape saint Innocent Ier est formel à cet égard. Exupère de Toulouse lui ayant demandé

(1) Cypriani, *Ep. 2*, n° 2, Migne, t. IV, col. 227.

(2) Cypriani *Ep. ad Antoniænum*, cap. II, Migne, t. III, col. 763 ; Socrate, *Hist. eccles.*, lib. IV, cap. XXIII (alias 28).

(3) *Alioqui Lapsos in perpetuum ab Ecclesia submovere nondum pro hæretico decreto cognitum fuerat*, remarque Petau, *De Pœnitentia vetere in Ecclesia ratione Diatriba*, cap. 1, édit. Bar-le-Duc, t. VIII, p. 408.

(4) *De Pudicitia*, cap. p. II-III.

(5) *De Oratione*, cap. XXVIII.

quelle conduite il fallait tenir vis-à-vis des fidèles qui, adonnés toute leur vie à l'incontinence et aux voluptés, demandaient sur leur lit de mort tout ensemble la pénitence et la réconciliation, le pontife répond : « Il y a une double observance : la première plus dure, la seconde plus douce et tempérée de miséricorde. La première coutume voulait qu'on leur accordât la pénitence, mais qu'on leur refusât la communion. C'était le temps des fréquentes persécutions, et il y avait lieu de craindre que l'admission facile à la communion, qui leur assurait la réconciliation, ne fût pas une sauvegarde contre le danger d'une chute. C'est pourquoi on refusait justement la communion aux *lapsi*, tout en leur accordant la pénitence, afin de ne pas leur refuser absolument tout. Cette rémission plus sévère était une nécessité du temps. Mais lorsque Notre-Seigneur eut rendu aux siens la paix de l'Eglise et que tout danger eut disparu, il plut (à nos prédécesseurs) d'accorder, en vue de la miséricorde divine, à ceux qui allaient mourir, la communion comme une sorte de viatique, afin de ne pas paraître imiter la rigueur et la dureté de l'hérétique Novatien, qui leur refusait le pardon, *veniam*. Accordez donc tout ensemble la pénitence et une dernière communion, afin que ces hommes, pénitents même à leur dernière heure, échappent à la mort éternelle par la miséricorde de notre Sauveur (1). »

Souverainement précieuses sont les leçons contenues dans ce texte. Exupère s'enquiert de la conduite à tenir à l'égard des incontinents, et le pape lui répond par la discipline qui s'appliquait aux *lapsi*. C'est donc que, dans sa pensée, le même régime de sévérité était jadis appliqué aux deux catégories

(1) *Ep. ad Exup. Tolos.*, cap. II, Migne, t. XX, col. 499.

de coupables. Origène et Tertullien nous l'avaient
formellement dit. En second lieu, nous voyons que,
si l'Eglise romaine accordait la réconciliation aux
lapsi pénitents en danger de mort, ce fut, dans le
principe, pour se distinguer des Novatiens qui leur
refusaient le pardon *(veniam)*. Il est manifeste
qu'en cela, question dogmatique écartée, Novatien
restait un témoin de l'ancienne discipline.

C'est encore en souvenir et en vertu de l'ancienne
discipline que le concile d'Arles de 314 défend d'admettre à la communion les apostats qui ne la demandent que pressés par la maladie. On ne les réconci-
liera que « s'ils reviennent à la santé et font de
dignes fruits de pénitence (1). »

En Espagne le régime de la sévérité dura plus
longtemps qu'ailleurs. Le concile d'Elvire (vers 300)
témoigne qu'en certains cas les fidèles coupables
d'adultère, d'homicide ou d'idolâtrie étaient encore,
au IV° siècle, exclus à jamais de la communion de
l'Église et condamnés à une pénitence perpétuelle
sans espoir de réconciliation (2).

Cette discipline donna naissance à une hérésie.
De ce que l'Eglise n'accordait pas la « réconciliation »,
ou comme on disait encore, la « paix », la « communion », le « pardon » *(veniam, pacem, commu-
nionem, reconciliationem)* aux homicides, aux adultères, aux *lapsi*, Origène, Tertullien et Novatien
conclurent qu'elle n'avait pas le pouvoir de l'accorder. Origène blâme les évêques qui osent le faire,
outrepassant en cela le droit que leur confère la di-
gnité sacerdotale (3). Tertullien déclare pareillement
que le pape Calliste et ses pareils, les « Psychiques »,

(1) *Concil. Arelat.*, can. 22.
(2) *Concil. Illiber.*, can. 1, 2, 3, 7.
(3) *De Oratione*, cap. XXVIII.

« usurpent » un pouvoir qui n'appartient qu'à Dieu :
de venia Deo reservamus (1), en réconciliant les adultères. Enfin les Novatiens de l'Asie Mineure, aussi
bien que ceux d'Espagne, estiment que « Dieu seul,
et non l'Eglise, a le pouvoir de remettre les péchés
mortels » (2).

Pour couper court à cette erreur doctrinale, les
papes Calliste et Corneille réconcilièrent les adultères et les *lapsi*, montrant par là que, si l'Eglise ne
leur avait pas, pendant quelque temps, accordé le
« pardon », *veniam*, c'était uniquement par mesure
disciplinaire, et que son pouvoir de lier et de délier
ne connaissait pas de bornes, mais s'appliquait à tous
les péchés sans exception.

(1) *De Pudicitia,* cap. xxiii. Cf. cap. xix.

(2) Socrate, *Hist. eccles.,* lib. IV, cap. xxviii. Pacien, *Ep. 3 ad Sempronianum,* cap. i. P. L. t. XIII, col. 1063.

CHAPITRE VI

LA RÉCONCILIATION DES PÉNITENTS

Nous avons à examiner ici quels étaient le ministre, le mode et les effets de la réconciliation qui mettait un terme à la pénitence.

Dans toutes les églises, en Orient aussi bien qu'en Occident, les fidèles et le clergé en général prenaient part à la réconciliation des pénitents. La *Didascalie des Apôtres*, Tertullien, saint Cyprien, saint Pacien, saint Ambroise (1), pour ne citer que quelques autorités, rendent témoignage de cette discipline. A vrai dire, cependant, l'évêque seul, c'est-à-dire le chef de la communauté, était proprement le ministre de la réconciliation. A son défaut, le prêtre ou même parfois exceptionnellement le diacre remplissait ce même office, mais sans solennité (2).

On a prétendu que les « pneumatiques ou « spirituels », et les « martyrs » exerçaient dans la primitive Eglise le ministère de la réconciliation à l'égard des *lapsi*, au même titre que les évêques, et en dehors d'eux. Cette théorie n'est pas soutenable historiquement. Il n'y a pas un texte qui permette d'affirmer que les πνευματικοί aient réconcilié ou absous les pénitents dans les trois premiers siècles. Quant au rôle des martyrs dans la réconciliation des *lapsi*, il était purement un acte d'intercession, tout au plus une réconciliation officieuse, qui n'obtenait son plein effet

---

(1) *Constitut. apostol.* lib. II, cap. 38; Tertullien, *De Pudicitia*, cap. XIII; Cyprien, Ep. 9-11; Pacien, Ep. 3 *ad Sempronianum*, cap. XII; Ambroise, *de Pœnitentia*, lib. II, cap. X.

(2) Cypriani *Ep. 12.* Cf. Vacandard, *Revue du Clergé français*, t. XVI, p. 14 et suivantes.

que par la ratification de l'évêque. Les textes qu'on a allégués à ce sujet le démontrent clairement. Voici les principaux :

« Pendant leur vie (les martyrs), disent les Lyonnais, défendaient tout le monde ; ils n'accusaient personne, ils tâchaient de briser les chaînes de tous, ils ne liaient personne. A l'exemple du martyr Etienne, ils priaient pour ceux qui les livraient au supplice, en disant : Seigneur ne leur imputez pas ce péché... A plus forte raison, ils priaient pour leurs frères... Ils ne se glorifiaient pas de la chute de leurs frères plus faibles, mais ils partageaient charitablement, avec ceux qui étaient moins pourvus, les dons que la grâce divine leur avait largement départis. Touchés de pitié, comme une mère indulgente, ils répandaient d'abondantes larmes pour leur salut devant Dieu le Père, ils demandaient que Dieu leur rendît la vie, et Dieu leur rendit la vie, et ils communiquèrent la vie à leurs proches (1). » Certes on voit éclater ici la charité chrétienne dans toute sa beauté native. En citant cet exemple, Eusèbe nous dit qu'il n'avait d'autre but que d'en offrir le spectacle édifiant à la postérité. Du pouvoir d'absoudre il n'est nullement question dans son texte. La prière des martyrs pour leurs frères n'est qu'un acte d'intercession.

Le cas des martyrs d'Alexandrie, que rapporte également Eusèbe, est un peu différent. L'évêque Denys expose à son collègue Fabius d'Antioche l'embarras dans lequel l'ont jeté certains martyrs qui avaient, en leur vivant, admis de leur propre autorité à la communion eucharistique plusieurs *lapsi*. Doit-il ratifier leur sentence ou la considérer comme non avenue (2) ? Cette demande contient une double

---

(1) Eusèbe, *Hist. eccles.*, lib. V, cap II. **P. G.** t. XX, col. 436.
(2) Eusèbe, *Hist. eccles.*, lib. VI, cap. XLII, *loc. cit.* col. 613-616.

question, la question de fait et la question de droit. Le fait de l'admission des *lapsi* à la communion par les martyrs étant acquis, quelle en était la valeur en droit ecclésiastique ? Il est possible que les martyrs aient suivi un usage accrédité dans l'Église d'Alexandrie. Mais visiblement l'évêque ne s'estime pas lié par l'initiative qu'ils avaient prise. Il hésite à casser leur jugement, en raison des conséquences qu'une telle sentence pouvait avoir. Mais il ne semble pas douter qu'en droit strict il puisse le faire. Cela réduit singulièrement le droit des martyrs à réconcilier les *lapsi*.

Ce qui se passe à Carthage vers le même temps éclaire encore mieux la question. On sait que dans cette ville les *lapsi* avaient, pendant la persécution, pris l'habitude de s'adresser aux martyrs pour obtenir d'eux une lettre de recommandation qui facilitât leur rentrée dans l'Eglise. Cette lettre était connue sous le nom de *libellus pacis ;* elle ne contenait nullement le pardon authentique du péché d'idolâtrie ; elle était purement et simplement un acte d'intercession appelant sur le coupable l'indulgence de l'Eglise, c'est-à-dire de la communauté tout entière, mais plus particulièrement de l'évêque. Saint Cyprien estimait que la lettre des martyrs ne pouvait sortir son effet sans l'agrément formel de l'évêque. C'est l'évêque qui décidait s'il y avait lieu d'admettre à la *paix,* à la *communion,* les *lapsi* munis d'un *libellus pacis.* Dans la pratique, saint Cyprien ne s'astreignait pas à une conduite uniforme. Durant la persécution, par exemple, il ajournait indéfiniment la réconciliation des *lapsi.* En d'autres temps il fut plus miséricordieux. Mais jamais il ne permit que les martyrs ou la communauté, ou même son clergé, portassent atteinte à son autorité dans le traitement des coupables. Certains prêtres ayant osé, pendant son absence, admettre à la communion ecclésiastique, sans attendre sa décision, des *lapsi* pourvus d'un *libellus pacis,* il blâma fortement leur témérité, et il força les usurpateurs à désavouer ce qu'ils avaient fait (1).

Bref, il est impossible de prouver par des textes que les martyrs aient jamais exercé le ministère de la réconciliation des pénitents, ou seulement qu'ils aient revendiqué le droit strict de le faire. Cet office était réservé au chef de la communauté, c'est-à-dire, en principe, à l'évêque.

« O évêque, écrit l'auteur de la *Didascalie des Apôtres,* quand un pécheur se sera converti et montrera des fruits de pénitence, reçois-le à la prière, comme on fait pour un païen. Comme donc tu baptises le païen pour le recevoir ensuite, de même tu imposeras la main à celui-ci, tandis que chacun priera pour lui, puis tu le feras entrer et tu l'associeras à l'Eglise ; cette imposition des mains sera pour lui comme un second baptême (2). »

Tertullien met cette scène en action, quand il nous représente, d'un ton railleur, le pape Calliste procédant à la réconciliation d'un pécheur : « Tu introduis dans l'Eglise l'adultère pénitent, qui vient supplier l'assemblée des fidèles ; le voilà, vêtu d'un cilice, couvert de cendre, dans un appareil lugubre et propre à inspirer l'épouvante. Il se prosterne au milieu de l'assistance, devant les veuves, devant les prêtres ; il saisit la frange de leurs habits ; il baise les traces de leurs pas ; il les prend par les genoux. Pendant ce temps-là, tu harangues le peuple, tu

(1) Cypriani, *Ep.* 15, 16, 21, 22, 24, 27, 55, 56, etc., P. L. t. IV. Sur ce point, cf. Paul Monceaux, *Saint Cyprien et son temps,* Paris, Leroux, 1902, p. 68-71, 293 et suiv.
(2) *Didascalie des Apôtres,* ch. x, *loc. cit.,* juillet 1901, p. 403, Cf. *Constit. apostol.,* lib. II, cap. xlı P. G., t. I col., 696. Cypriani, *Ep.* 11, 12, 55.

excites la pitié publique sur le triste sort du suppliant. Bon pasteur, benoît pape, tu racontes la parabole de la brebis perdue pour qu'on te ramène ta bique égarée ; tu promets qu'elle ne s'échappera plus de la bergerie, etc. (1) »

Nous ne possédons aucune formule de réconciliation qui remonte aux premiers siècles. Mais celle que contient le *Sacramentaire gélasien* était sûrement traditionnelle à Rome depuis de longues années. L'évêque s'exprimait ainsi : « Assiste, Seigneur, à nos supplications, et dans ta clémence exauce-moi, moi qui tout le premier ai besoin de ta miséricorde. Bien que ce ne soit pas par le choix de mes mérites mais par le don de ta grâce que tu m'as établi le ministre de cette œuvre [de réconciliation], donne-moi l'assurance de remplir ton mandat et opère toi-même par mon ministère ton œuvre de piété... Seigneur Dieu, qui as racheté l'homme déchu dans le sang de ton Fils unique, vivifie ce [pénitent] ton serviteur dont tu ne désires nullement la mort... Guéris ses blessures... de peur qu'une seconde mort ne saisisse celui qui a reçu une seconde naissance dans le bain salutaire... Epargne celui qui confesse [ses péchés], afin que, grâce à ta miséricorde, il n'encoure pas les peines qui le menacent et la sentence du jugement futur (2). »

La formule est un peu longue ; celle que nous a transmise le pseudo-Jean le Jeûneur est plus brève, sans être moins expressive : « Seigneur, notre Dieu, qui êtes apparu à vos disciples, les portes closes, et leur avez dit en leur donnant la paix : Les péchés seront remis à qui vous les remettrez, etc. Vous-même, Seigneur, selon l'invisible et toute-puissante

(1) *De Pudicitia*, cap. XIII.
(2) P. L., t. LXXIV, col. 1096.

providence avec laquelle vous administrez toutes
choses, jetez un regard sur votre serviteur ici présent, et par ma bouche, bien que je sois un pécheur,
effacez les taches de son corps et les souillures dont
le péché a couvert son âme, et que celui qui est lié
par le canon soit délié du canon et délié du péché
qui l'enchaîne, par votre grâce et votre miséricorde, etc. (1). »

La cérémonie de la réconciliation des pénitents
avait lieu le Jeudi Saint, à Rome et en maintes autres églises, au ive siècle. Le pape Innocent donne
cet usage comme très ancien (2). Il s'agit évidemment ici de réconciliation solennelle. Les pénitents
en danger de mort étaient réconciliés par un prêtre
ou même, à défaut d'un prêtre, par un diacre, sans
aucune solennité, à toute époque de l'année, selon
l'urgence (3). Dans tous les cas, les ministres de la
réconciliation employaient une même formule de
prière.

Nous avons démontré ailleurs et l'on voit par les
textes cités plus haut que cette formule était purement déprécative. Faut-il en conclure qu'elle ne
produisait par une véritable rémission des péchés ?
C'est le sentiment de nombreux critiques, et notamment des protestants. Ce n'est pas celui des Pères
de l'Eglise. Qu'on relise par exemple les textes de
saint Cyprien, de saint Augustin, de saint Innocent Ier, de saint Ambroise, de saint Jean Chrysostome, etc., et l'on verra que la sentence sacerdotale,
qui réconciliait les pénitents avec la communauté

---

(1) Morin, *ouv. cit.* Appendice, p. 94.
(2) *Ep. ad Decentium Eugub.,* cap. vii, Migne, P. L. t, XX,
col. 559. A Milan, la réconciliation avait lieu le vendredi, au
temps de saint Ambroise. Cf. Ambroise, *Ep.* 20 ; Duchesne,
Origines du culte chrétien, p. 426-427.
(3) Cf. *Cypriani, Ep.* 12. Cf. *Concil. Illiberit.* (vers 300),
can. 32.

dont ils avaient été exclus, remettait réellement les péchés.

Cela devient plus manifeste encore si l'on pèse la doctrine des hérétiques sur cette question. Origène estime que les évêques outrepassent leur pouvoir quand ils prétendent remettre les péchés d'adultère et d'idolâtrie, dont le pardon est réservé à Dieu seul (1). C'est donc qu'il reconnaissait aux évêques le pouvoir de remettre les péchés, à la réserve de ceux-là. Même raisonnement pour Tertullien : « Dieu seul, dit-il, peut remettre les péchés d'idolâtrie, d'adultère et d'homicide. » Et les autres péchés ? « L'Église, dit-il, peut les remettre, voire même l'évêque (2). » Tertullien ne se dissimule pas que les catholiques, par exemple le pape Calliste, ne reconnaissent pas de péchés irrémissibles. Ils prétendent posséder le pouvoir de remettre les péchés graves : *in sua potestate usurpaverunt* (3), écrit-il. Et quelle est l'objection des Novatiens ? « Vous usurpez un pouvoir qui n'appartient qu'à Dieu (4) ». Parleraient-ils de la sorte si l'absolution n'était qu'un simple ministère extérieur, sans efficacité réelle aux yeux des catholiques ? « Vous nous objectez, dit Pacien, que Dieu seul peut remettre les péchés. Mais ce que Dieu fait par ses évêques, *per sacerdotes*, c'est encore lui qui le fait (5). » Les hérétiques des premiers siècles sont ainsi des précieux témoins de l'enseignement de l'Église.

La comparaison que les Pères ont coutume d'établir entre le baptême et la pénitence montre bien

---

(1) *De Oratione,* cap. XXVIII.
(2) *De Pudicitia,* cap. XVIII.
(3) *De Pudicitia,* cap. III.
(4) Pacien, *Ep. III. ad Sempronianum,* cap. I ; Socrate, *Hist. eccles.* lib. IV, cap. XXVIIII.
(5) *Ep. III ad Sempronianum,* cap. VI, P. L. t. XIII, col. 1057.

qu'ils attachaient à l'une comme à l'autre l'idée d'une
véritable rémission des péchés. Hermas est très
exprès sur ce point, dès l'an 140 environ (1), et
les Pères postérieurs sont plus explicites encore.
Rappelons que Tertullien, opposant la pénitence au
baptême, appelait celui-ci *prima spes* et celle-là
secunda spes (2) des hommes pécheurs. Vers le
même temps, la *Didascalie des Apôtres* comparait
justement la réconciliation épiscopale par l'imposition des mains à un second baptême (3). Saint Jérôme
écrivait que les pécheurs « sont rachetés par le sang
du Sauveur ou dans le baptême ou dans la pénitence
qui produit la grâce comme le baptême, » *aut in
pœnitentia quæ imitatur baptismatis gratiam* (4).
« Dans le baptême, dit saint Ambroise, il y a rémission
de tous les péchés ; que les prêtres revendiquent le
droit qui leur a été accordé de remettre les péchés
soit par la pénitence ou par le baptême, quelle diffé-
rence y faites-vous ? C'est dans les deux cas un seul
et même mystère. » *Quid interest, utrum per pœnitentiam an per lavacrum hoc jus sibi datum sacerdotes vindicent* (5) ? Terminons par une citation de
saint Augustin : « Si l'homicide est commis par
un catéchumène, il est effacé par le baptême ; s'il est
commis par un baptisé, il est remis par la pénitence
et la réconciliation (6). » Ou il faut nier que le
baptême ait eu la vertu d'effacer les péchés, ou il
faut admettre que la pénitence, ou pour mieux dire
l'absolution sacerdotale, possédait la même effica-

---

(1) *Mandat*, iv, 3.
(2) *De Pœnitentia*, cap. vii. Cf. cap. xii.
(3) *Didascalie des Apôtres*, ch. x, trad. Nau, *loc.*, *cit.* juillet 1901, p. 403.
(4) *Dialog. contra Pelag.*, lib. I, cap. xxxiii, P. L. t. XXIII,
col. 527.
(5) *De Pœnitentia*, lib. I, cap. viii.
(6) *De adulter. conjugiis*, lib. II, cap. xvi, P. L. t. XL,
col. 482.

cité (1). Et je l'ajoute, par manière de conclusion, si le baptême était un sacrement véritable, la pénitence l'était pareillement.

(1) Sur la réconciliation effectuée par les diacres, cf. Vacandard, *Revue du Clergé français*, t. XVI, p. 14 et suiv. Sur l'efficacité de l'absolution sacerdotale, voir Vacandard, *Dictionnaire de Théologie* de l'abbé Vacant, t. I, au mot *Absolution*.

TABLE DES MATIÈRES

1087-02. — Imprimerie des Orphelins-Apprentis, F. Blétit,
40, rue La Fontaine, Paris-Auteuil.